LOS PASOS HACIA LA
LIBERTAD
PARA TU IGLESIA

Ministerio - Organización

NEIL T. ANDERSON
Y CHARLES MYLANDER

UN PLAN BÍBLICO PARA LOGRAR UNIDAD Y LIBERTAD EN CRISTO

Personalmente creo que el proceso de *Los Pasos Hacia la Libertad para tu Iglesia - ministerio - organización* beneficiaría a toda iglesia. Los líderes revisamos la trayectoria de nuestra iglesia desde su inicio en 1979 e identificamos áreas fuertes, débiles, memorias gratas y dolorosas, y pecados colectivos. El recordar las memorias gratas fue alentador y, aunque el recordar las memorias dolorosas y las áreas de pecado colectivo fue difícil, fue sumamente importante y libertador renunciar a esos pecados. Esta experiencia nos ha ahorrado muchos dolores de cabeza y corto circuitos espirituales. Ahora tenemos un plan de oración y acción. Hemos renunciado a seis áreas de pecado colectivo, hemos declarado la verdad de Dios en su lugar, hemos afirmado nuestro propósito y nos hemos comprometido a pasos concretos de acción.

—**Pastor Roberto** (Las Cruces, Nuevo México – EE.UU.)

Los Pasos Hacia la Libertad para tu Iglesia – Ministerio – Organización

© 2021 Libertad en Cristo Internacional
4 Beacon Tree Plaza, RG2 9RT Reading Berks, United Kingdom
www.libertadencristo.org

Originalmente publicado en inglés con el título:
Steps To Setting Your Church Free
© 2021 Copyright Freedom in Christ International.

Traductora: Nancy Maldonado Araque
Editor: Roberto Reed

Textos bíblicos tomados de La Biblia: Nueva Versión Internacional (NVI 2005 castellano peninsular). Usado con el permiso de la Sociedad Bíblica Internacional®. Todos los derechos reservados.

ISBN 978-1-913082-59-8

TABLA DE CONTENIDO

Los Pasos Hacia la Libertad en Cristo Para tu Iglesia, Ministerio, Organización

LOS PASOS HACIA LA LIBERTAD

Para tu Iglesia, Ministerio, Organización

PREPARACIÓN PREVIA

Antes de emprender este proceso, asegúrate que has revisado los principios fundamentales de estos pasos. Se recomienda leer el libro «Setting Your Church free» («Libertad para tu iglesia» sólo disponible en inglés). El propósito de este bosquejo es guiarte a través del proceso de *Libertad para tu Iglesia –Ministerio–Organización*.

Es de vital importancia que los participantes hayan experimentado el proceso personal de libertad en Cristo antes de involucrarse en el proceso de *Libertad para tu Iglesia – Ministerio – Organización (Libertad para tu iglesia - ministerio - organización).* Es importante que cada participante haya tenido una cita individual de *Los Pasos hacia la Libertad en Cristo* ante de participar en *Los Pasos hacia La Libertad para tu Iglesia – Ministerio – Organización.* Además, cada participante necesitará una copia de *Los Pasos hacia La Libertad para tu Iglesia – Ministerio – Organización.* Puedes informarte sobre los recursos en la web: www.libertadencristo. es o www.ficminternational.org.

Recomendaciones adicionales:
Recomendamos que los participantes e intercesores aparten un día de oración y ayuno antes del evento. Pide a los intercesores que oren antes y durante el proceso de *Libertad para tu iglesia - ministerio - organización.*

Es esencial que el 100% de los miembros de los ancianos, la junta y otras personas claves del liderazgo estén presentes cuando el equipo de ministerio les guíe en el proceso de *Los Pasos hacia la Libertad para tu iglesia – ministerio - organización.* Considera posponer el evento si una o más de las personas no puede asistir. El proceso funciona óptimamente cuando cada miembro está presente y, de igual manera, se debilita cuando una persona está ausente. Ya que los líderes voluntarios y los obreros del ministerio deben tomar parte en el proceso, recomendamos que sea un facilitador de fuera quien guíe al grupo a través de Los Pasos. El tiempo requerido varía de un grupo a otro, pero el proceso de *Libertad para tu iglesia - ministerio - organización* tomará al menos un día entero.

ATENCIÓN: La experiencia de otros indica que no se recomienda involucrar a todas las personas de la iglesia - ministerio - organización directamente en el Plan de Oración y Acción que se desarrolla al final de estos pasos. Generalmente las personas se sienten juzgadas o condenadas si no han participado en el proceso ellos mismos. Recomendamos, más bien, un informe resumido en el cual los líderes que participaron en el proceso toman responsabilidad por lo que aprendieron. Por ejemplo, «No hemos sido los líderes que debíamos ser... pero nos comprometemos a orar y tomar acción». En algunas iglesias resulta mejor compartir lo que se ha descubierto mediante una serie de sermones.

El cambio se dará si los líderes repasan el Plan de Oración y Acción hasta que se convierta en parte de sus vidas y de su pensar. Como si fuera una carta de Jesús a tu iglesia - ministerio - organización, para traer convicción y dirección del Espíritu Santo que requiere una respuesta en obediencia. Prepárate para experimentar oposición, ya que se trata de una batalla espiritual.

COMIENZA EL RETIRO

Pídeles que repitan la siguiente oración, primero en silencio y después todos juntos en voz alta:

Querido Padre Celestial, abre mis ojos para ver tu verdad. Dame oídos para oír y un deseo fuerte de responder en fe a lo que el Señor Jesucristo ya ha hecho por mi.

Creo en el Señor Jesucristo – crucificado, resucitado y en gloria – como mi único Señor y Salvador. Renuncio toda participación pasada en religiones y experiencias no-cristianas. Proclamo que Cristo murió en la cruz por mis pecados y se levantó de la muerte para que yo fuese justificado y redimido.

Creo que el Señor Jesucristo me rescató del poder de la oscuridad y me trasladó a su reino de la luz. Renuncio a Satanás en todas sus obras y en todos sus caminos. Proclamo que Jesucristo es mi Señor, Salvador, Maestro y Amigo. Me entrego para obedecer todos sus mandamientos. Me someto completamente a Cristo para hacer lo que él quiere que haga, para ser quien él quiere que sea, para renunciar a aquello que él quiere que deje atrás, para dar lo que él quiere que yo entregue, para convertirme en lo que él quiere que me convierta.

Confieso, rechazo y renuncio todo pecado en el que yo he participado jamás. Proclamo que en Cristo he recibido redención, el perdón de mis pecados. Acepto que él me ha reconciliado al Padre Celestial y estoy agradecido que tengo paz con Dios.

Como expresión de mi fe en el perdón que Cristo me ha dado, yo perdono a cada persona que me haya hecho daño, me haya abusado o se haya aprovechado de mi. Renuncio a mi derecho de vengarme y decido dejar que Dios se encargue de administrar su justicia perfecta como el Juez final.

Abro todas las puertas de vida al Señor Jesucristo y le pido que tome control de cada parte de mi ser. Agradezco la llenura y la dirección de su Espíritu Santo en cada parte de mi vida. Me entrego a vivir en completa unión con el Señor Jesucristo desde este momento hasta que me encuentre ante el Trono de Justicia de Cristo y me llamen por nombre del libro de la vida del Cordero.

Gracias, Padre Celestial, por unirme al Señor Jesucristo y con todos aquellos que te pertenecen de verdad y viven bajo tu reinado de gracia. En el poderoso nombre de Jesús. Amén.

Procesar estos pasos no es cosa fácil. Requiere que salgas de tu comodidad, pero para hacer una labor importante. Puede que el tipo de oración propuesto no sea lo habitual para tu grupo. En muchos países los cristianos oran juntos, todos en voz alta y a la vez. Si no lo has hecho antes, forma un círculo, pide a las personas que se tomen de las manos y que oren en voz alta, todos a la vez. Pide al Señor que te llene de su Espíritu Santo, que te guíe, que guíe a tu iglesia - ministerio - organización, y que proteja a todos del maligno. Pide la cobertura de Cristo frente a Satanás y las fuerzas del mal. Concluye este tiempo con el Padre Nuestro.

ESTUDIO BÍBLICO
Las cartas a las siete iglesias

Lee las cartas a las siete iglesias de Apocalipsis 2-3. Te animamos a que pidas a siete participantes que lean una carta cada uno. A continuación, pide que todos los participantes busquen lo siguiente en la descripción de las iglesias.

- El amor del Señor Jesús resucitado por sus iglesias y cómo les anima. Cristo quiere que todas sus iglesias sean libres. Pídeles que cuenten cuántas veces Jesús dice «Yo» en cada carta. El énfasis principal en estas siete cartas es la presencia cercana de Cristo en las iglesias.
- Cada iglesia tiene un ángel (Ap 1:9-20). En Apocalipsis 1:16 Jesús sostiene las estrellas (ángeles) en su mano derecha. Los dos papeles más comunes que desempeñan los ángeles en Apocalipsis son: 1) alabar y adorar a Dios y 2) llevar a cabo el juicio y las promesas de Cristo.
- Cada carta comienza con «Conozco tus obras».
- Los pecados colectivos de las iglesias en Apocalipsis 2-3. La mayoría de los cristianos no están acostumbrados a

pensar en pecados colectivos aunque la Biblia lo enseña en Nehemías 9, en Daniel 9 y en Apocalipsis 2-3.

- Las frases que indican ataques u oposición de Satanás a las iglesias (Ap 2:9,10,13, 24; 3:9)
- El juicio de Dios para la desobediencia y las promesas para la obediencia.
- La frase «el que salga vencedor» que se repite en cada carta. En el Nuevo Testamento, «vencer» es la palabra usada más comúnmente para describir la batalla del cristiano frente al mundo, la carne y el diablo.

Quizá quieras dividir a los participantes en siete grupos, uno por cada iglesia. Al plantear las preguntas, permite que los grupos respondan espontáneamente. No es necesario que cada grupo responda a cada pregunta.

Durante este proceso de «Libertad para tu iglesia - ministerio - organización», cada persona necesita estar atenta a la dirección del Señor. A cada una de las iglesias de Apocalipsis 2-3 Juan escribe: «El que tenga oídos, que oiga lo que el Espíritu dice a las iglesias». Si el Señor Jesús escribiera una carta a tu iglesia - ministerio - organización, ¿le obedecerías? ¿O habría algún obstáculo que impediría que pusieras en práctica su mensaje para implementar los cambios necesarios?

Haz que los participantes repitan juntos en voz alta la siguiente oración y la renuncia que le sigue:

Querido Padre Celestial,
Abre nuestros ojos para ver tu verdad y nuestros oídos para oír lo que tu Espíritu Santo nos está diciendo. Reconocemos que el Señor Jesucristo es la Cabeza de nuestro ministerio y renunciamos a todo sentido de propiedad de nuestra parte. Este es tu ministerio, no el nuestro, y tú eres la Cabeza. Renunciamos a todo espíritu de independencia y declaramos completa dependencia de ti.
Nos hemos juntado para discernir tu voluntad para nuestro ministerio. Renunciamos a todo y cada uno de los deseos o intentos de ejercer nuestra propia voluntad mediante la pelea, la manipulación o la intimidación. Tú eres luz y en ti no hay oscuridad alguna. Decidimos caminar en la luz para tener comunión contigo y los unos

con los otros. Por favor llénanos de tu Espíritu Santo y guíanos a través de estos pasos hacia la libertad de nuestra iglesia – ministerio – organización. Libéranos para cumplir tus propósitos para los cuales existimos. No nos dejes caer en tentación, sino líbranos del maligno. Porque estamos sentados con Cristo en los lugares celestiales, y porque la iglesia ha sido enviada a todo el mundo para hacer discípulos de todas las naciones, nos oponemos al maligno y a todas sus fuerzas. Con gozo nos sometemos a ti, Padre Celestial, y obedecemos tu mandato de resistir al diablo. Te pedimos que expulses al enemigo de nuestra presencia para que seamos libres de conocer tu voluntad y de escoger obedecerla. En el precioso nombre de Jesús. Amén.

La primera renuncia es una antigua declaración de la Iglesia Primitiva. Las demás se basan en Apocalipsis 2-3. Aunque puede que no encajen del todo con tu iglesia - ministerio - organización, son un ejemplo bíblico de los pecados colectivos que todo grupo debe evitar. Pasa a la siguiente página y declaren todos juntos:

RENUNCIAS COLECTIVAS

Renuncias	Declaraciones
Te rechazamos, Satanás, en todas tus obras y en todos tus caminos.	Declaramos que Cristo es Señor de nuestras vidas y escogemos seguir solamente sus caminos.
Confesamos haber abandonado nuestro primer amor.	Declaramos que Cristo es nuestro primer amor porque él nos amó primero y se dio a sí mismo como sacrificio de expiación por nuestros pecados.
Confesamos haber tolerado falsas enseñanzas.	Declaramos que la verdad de Dios nos ha sido revelada mediante la Palabra de Dios escrita y viva.
Confesamos haber pasado por alto las creencias y las prácticas no-cristianas de nuestra gente.	Declaramos que Cristo es la fuente de nuestra verdadera identidad y el único camino a la salvación y la comunión con Dios.
Confesamos haber tolerado la inmoralidad sexual de nuestra gente.	Declaramos que nuestra sexualidad es un regalo de Dios, y que la unión sexual está reservada para el matrimonio entre un hombre y una mujer.
Renunciamos a la apariencia de estar vivos cuando realmente estamos muertos.	Declaramos que sólo Cristo es nuestra Resurrección y nuestra Vida.
Renunciamos a nuestra obediencia parcial – a comenzar a hacer la voluntad de Dios pero no terminar.	Declaramos que Cristo es la Cabeza de su cuerpo, la Iglesia, y que como sus miembros, tenemos la libertad y el poder de terminar las obras que él nos da para hacer.
Confesamos nuestra desobediencia a la Palabra de Dios, incluyendo el Gran Mandamiento y la Gran Comisión.	Declaramos que Dios nos da tanto el querer como el poder para hacer su voluntad.
Renunciamos a nuestra tibieza - no hemos sido ni fríos ni calientes para Cristo	Declaramos que Cristo es nuestro Fuego que refina y nos disciplina para nuestro bien, para que nuestra fe sea genuina.
Renunciamos al orgullo por nuestra estabilidad económica, lo cual nos ciega a nuestras verdaderas necesidades espirituales.	Declaramos que Cristo es nuestro tesoro y nuestra seguridad. Fuera de él somos pobres, miserables, desnudos y ciegos.

DISCERNIMOS CÓMO EL SEÑOR VE NUESTRA IGLESIA - MINISTERIO - ORGANIZACIÓN

Y, ¿si el Señor escribiese una carta a nuestra iglesia - ministerio - organización? ¿Por qué cosas nos elogiaría? ¿Por qué cosas nos reprendería? Aunque no podamos tener una carta con la misma autoridad que las Escrituras, podemos pedirle al Espíritu Santo que nos ayude a discernir cómo Cristo nos ve. Él nos puede ayudar a aplicar las verdades de las Escrituras a nuestro grupo.

ATENCIÓN: Si no lo has hecho aún, pide a alguien que recopile todas las listas del grupo y tome nota de ellas.

PASO 1: Nuestros puntos fuertes

En este primer paso, queremos discernir los puntos fuertes de nuestra iglesia - ministerio - organización. Repetiremos la siguiente oración todos juntos, y a continuación tendremos unos minutos de oración en silencio. Permitamos que el Señor nos revele lo que estamos haciendo bien. El facilitador cerrará este tiempo con una oración.

> **Querido Padre Celestial,**
> **Gracias por llamarnos y escogernos como pastores y siervos que dirigen a este grupo. Gracias por este ministerio y por lo que tú has hecho a través de él. Gracias por las personas que te sirven.**
>
> **Muéstranos aquellos aspectos de nuestro grupo que le agradan al Señor Jesús. Revélanos lo que hacemos bien y cuáles son nuestros puntos fuertes. Mientras esperamos en silencio ante ti, muéstranos aquellas buenas obras que glorifican al Padre del cielo. Lo pedimos en el maravilloso nombre de Jesús. Amén**

Este Paso consta de dos partes. En la **primera parte**, el facilitador pide al grupo que haga una lista de los puntos fuertes de la iglesia - ministerio - organización a medida que el Espíritu Santo los traiga a su mente. Cada participante debe ayudar a identificar tantos puntos fuertes del grupo como pueda.

La **segunda parte** se da después de que se ha hecho la lista de todos los puntos fuertes. El facilitador pide al grupo que haga un resumen de los puntos fuertes que Dios ha dado al grupo. Será bueno preguntarles «¿Qué tipo de cosas hacemos bien vez tras vez? ¿Qué nos sale bien siempre?» Mantén esta lista más bien corta, que incluya sólo los puntos fuertes principales – entre cinco a siete aspectos.

El facilitador apunta cada uno de ellos en un papel grande. Comienza cada uno con «Damos gracias a Dios por...» Escríbelos en oraciones completas y guárdalos para el resumen final del Plan de Oración y Acción (El Paso Seis).

Concluye este paso orando todos juntos lo siguiente:

Querido Padre Celestial,
Gracias por los puntos fuertes que nos has dado, a nosotros como individuos y a nuestro ministerio. Gracias por honrarnos con tu presencia y por obrar a través de los dones, de los talentos y del servicio de tu pueblo. Sabemos que separados de Cristo no podemos hacer nada, por lo que reconocemos que cada regalo bueno y perfecto viene de lo alto. Ayúdanos a gestionar bien estos puntos fuertes, y a administrar de manera responsable todas las relaciones y los recursos que tú nos has dado. En el nombre de Jesucristo nuestro Señor oramos. Amén.

PASO 2: Nuestras debilidades

En este segundo paso, el grupo pedirá al Espíritu Santo que les ayude a discernir las debilidades de la iglesia - ministerio - organización. ¿Cuáles son nuestros defectos, limitaciones, y deficiencias? ¿Qué es lo que no hacemos bien? ¿Qué deberíamos hacer que no hacemos?

> **Querido Padre Celestial,**
> **No hemos utilizado al máximo los dones, talentos y puntos fuertes que tú has puesto a nuestra disposición. Nuestro pensar y actuar ha caído en patrones que no te agradan. No hemos logrado cumplir tu perfecta voluntad e intención para nosotros. Por favor abre nuestros ojos para que veamos nuestras debilidades como tú las ves. Esperamos en silencio ante ti. En el poderoso nombre de Jesús. Amén.**

El facilitador pide al grupo que enumere las debilidades que el Espíritu Santo les traiga a la mente. Se anima a los participantes a expresar su opinión libremente. No es el momento para que otros ofrezcan una objeción o se pongan a la defensiva. La exactitud de las opiniones no es esencial a esta altura del proceso. El grupo no está intentando identificar sus debilidades más importantes (a diferencia del Paso Uno), sino simplemente las enumera para utilizarlas más tarde.

Cuando hayan terminado enumerando las debilidades del grupo, les pides que oren:

> **Querido Padre Celestial,**
> **Tú conoces nuestras debilidades, así como nuestros puntos fuertes, y tú nos amas de igual manera. Confesamos y renunciamos las veces en que hemos depositado nuestra confianza en nosotros mismos en lugar de en ti. Ahora decidimos no confiar en nuestra carne y declaramos nuestra dependencia de ti. Confiamos que la buena obra que comenzaste en nosotros, tú la llevarás a término.**
> **Muéstranos cómo podemos fortalecer nuestros puntos débiles y vivir con nuestras limitaciones. Que tu poder se perfeccione en nuestras debilidades. Gracias por tu perdón, tu presencia y tu gracia en nuestras vidas. Oramos en el poderoso nombre de Jesús. Amén.**

PASO 3: Las memorias

En este paso vamos a pedir al Señor que nos recuerde tanto las memorias más gratas como los eventos traumáticos del pasado de nuestra iglesia - ministerio - organización. Si el grupo lleva muchos años en funcionamiento, considera ir década por década, comenzando con la memoria más antigua de alguno de los presentes, o del pasado histórico (crónica escrita). ¿Qué pasó en los años 40, en los años 50? y así consecutivamente. Si la iglesia es más antigua, se podría iniciar siglo por siglo. Si el grupo no lleva muchos años, pueden dividir su historia en dos o tres partes. ¿Qué sucedió los primeros cinco años... los últimos cinco años?

Haz dos listas para este paso, una titulada «Memorias gratas» y otra titulada «Memorias dolorosas». Haz una lista de todas las memorias gratas primero. Es divertido recordar las memorias agradables, y son motivo de agradecimiento a Dios por sus bendiciones hacia su pueblo.

Comienza con la siguiente oración. A continuación toma unos minutos de silencio.

> **Querido Padre Celestial,**
> **Gracias por las experiencias maravillosas que hemos compartido y que nos han dejado memorias tan especiales. Gracias por tus bendiciones y por todos los momentos agradables que nos has dado. Con gozo y agradecimiento, te pedimos que tú nos recuerdes las memorias gratas de nuestro ministerio. Agradecidos, oramos en el nombre de Jesús. Amén.**

Cuando el grupo termine la lista de memorias gratas, el facilitador pide a los participantes que las levanten al Señor en agradecimiento y alabanza. Pídeles que comiencen con las siguientes palabras:

> **Señor, te agradezco por (menciona la memoria agradable).**

Después de haber agradecido al Señor por las memorias agradables del pasado, pídeles que oren de la siguiente manera. A continuación permite unos momentos de silencio. Permite que el Señor revele a sus mentes las experiencias dolorosas del pasado.

Querido Padre Celestial,
Gracias por la riqueza de tu bondad y paciencia; sabemos que tu bondad nos lleva al arrepentimiento. Reconocemos que no hemos extendido la misma paciencia y bondad hacia quienes nos han ofendido. No hemos actuado con gracia y sabiduría en el pasado.

Algunas veces hemos causado dolor incluso cuando intentábamos seguirte de la mejor manera. Otras veces los hechos y actitudes de otros nos han herido. Muéstranos dónde hemos permitido que surja una raíz de amargura, causando problemas y contaminando a muchos. Al esperar en silencio ante ti, recuérdanos todos los sucesos dolorosos del pasado de nuestro ministerio. En el nombre Jesús, lleno de compasión, oramos. Amén.

Enumera las memorias dolorosas. Pídeles que sean explícitos con los nombres. Es casi imposible llegar al centro de nuestras emociones si no usamos los nombres de las personas. Todo lo que se diga debe ser con respeto. Evita que hablen con desprecio o que atribuyan culpa. Debe haber plena confianza en la confidencialidad. Nadie debe compartir esta información fuera del grupo. Después de terminar el proceso, querrás destruir la hoja con las memorias dolorosas en frente de todos.

No puedes arreglar el pasado, pero puedes librarte de él al enfrentarlo, perdonar y pedir perdón. Una vez más el grupo interactúa mientras el facilitador apunta los nombres de las personas responsables por las memorias dolorosas en una hoja grande. A continuación, cada persona, individualmente, perdona a esas personas de todo corazón, pidiendo valor para enfrentar el dolor de manera honesta y pidiendo gracia para perdonar completamente. El soltar las ofensas ofrece alivio del dolor y de las ataduras al pasado. En 2 Corintios 2:5-11, Pablo insta a la iglesia a que perdone a quien había causado tanto dolor a la iglesia. Debían consolarlo y reafirmar su amor por él. Y Pablo lo consideraba una prueba de su obediencia. Es necesario que perdonemos para que Satanás no tome ventaja de nuestra iglesia – ministerio – organización. Memoria a memoria, persona por persona, individualmente y en silencio, pídeles que perdonen a cada persona y suelten la ofensa de la siguiente manera:

Señor, perdono a (nombra la persona) por (especifica cada memoria dolorosa).

En oración, permanece con cada persona en la lista hasta que cada memoria dolorosa haya surgido. Cada individuo debe pedir y recibir el perdón de Dios donde corresponda. El perdón te libera del pasado. Cuando todos hayan terminado este tiempo de oración individual, continúa con la siguiente declaración y oración.

Declaración

Por la autoridad del Señor Jesucristo, sentado a la diestra del Padre, tomamos nuestra responsabilidad de resistir al diablo. En el nombre todopoderoso de Jesús, retomamos cualquier territorio que Satanás haya ganado en nuestra vida y ministerio a través de estas memorias dolorosas. Ya que estamos sentados con Cristo en los lugares celestiales, mandamos a Satanás a abandonar nuestra presencia y nuestro ministerio.

Oración

Querido Padre Celestial,
Perdonamos a cada persona que nos ha herido a nosotros y a nuestro ministerio. Perdonamos del mismo modo que el Señor nos ha perdonado.

Entregamos nuestro resentimiento y pesar en tus manos. Sólo tú puedes sanar nuestros corazones quebrantados y cerrar nuestras heridas. Te pedimos que sanes el dolor en nuestros corazones y en la memoria colectiva de nuestro grupo. Confesamos que a menudo no hemos intentado resolver esos sucesos dolorosos como manda tu Palabra. Hemos permitido que brote una raíz de amargura y que contamine a muchos. Gracias por tu perdón.

Nos comprometemos a pensar en estas memorias, cuando surjan, desde la perspectiva de nuestra unión con Cristo. Recordaremos tu perdón y sanidad.

Pedimos que tu gracia y misericordia nos guíen al seguir nuestro llamado como líderes espirituales. Padre Celestial, te pedimos que nos llenes de tu Espíritu

Santo. Rendimos el control total de nuestro ministerio a nuestra Cabeza, Cristo, que fue crucificado, resucitó y que reina con poder.

Pedimos que traigas sanidad a aquellos que nos han herido. También pedimos sanidad para aquellos a quienes hayamos herido. Bendice a quienes nos maldicen y provee un ministerio abundante y pleno para todos quienes te pertenecen pero han salido de nuestro grupo. Les bendecimos en el nombre de nuestro Señor Jesucristo quien nos enseñó a amar a nuestros enemigos, a hacer el bien a quienes nos odian, a bendecir a quienes nos maldicen, y a orar por quienes nos maltratan (Lucas 6:27,28). De acuerdo a tu Palabra, oramos por quienes nos han herido:

Antes de que digan «amén», pide a los participantes que oren individualmente pero en voz alta, según el Espíritu Santo les mueva, levantando oraciones espontáneas por cada individuo de la lista anterior diciendo:

Perdonamos a...

Soltamos a...

Bendecimos a...

Oramos en el nombre de Jesús. Amén.

PASO 4: Los pecados colectivos

En este cuarto paso los participantes van a identificar los pecados colectivos. Los pecados individuales que no afectan al grupo no serán parte de este proceso. Esos pecados deben tratarse a nivel individual. El pecado colectivo no afecta necesariamente a todo el grupo, pero debe implicar a un grupo significativo (en número o importancia) de la iglesia - ministerio - organización.

Haz una lectura de Daniel 9:1-19 e invita al grupo a una breve reflexión sobre este texto.

Pídeles que oren de la siguiente manera todos juntos. A continuación toma unos minutos de silencio, pidiendo al Señor que traiga a su mente los pecados colectivos del presente y del pasado.

> **Querido Padre Celestial,**
> **Miramos a ti y te pedimos que nos traigas a la mente todo pecado colectivo que hayamos cometido, ya sea que nos implique a todos o a un grupo de nosotros. Siguiendo el ejemplo de Ezra y Daniel, nos acercamos a ti dispuestos a arrepentirnos de los pecados de nuestros predecesores espirituales en este ministerio. También te pedimos discernimiento para identificar y renunciar a nuestros propios pecados. Esperamos en silencio en tu presencia para que nos traigas a la mente todos los pecados colectivos que nosotros, y los líderes espirituales que nos precedieron, hemos tolerado o no hemos manejado adecuadamente. Asimismo danos la gracia para confesarlos, renunciar a ellos y dejarlos atrás. En el nombre de Jesús, quien nos perdona. Amén.**

A continuación, el facilitador les pide que compartan los pecados colectivos. Generalmente este paso comienza lentamente, pero agarra impulso gradualmente. A diferencia de los pasos anteriores, el facilitador busca el discernimiento del grupo y sólo apunta los pecados colectivos sobre los que hay consenso en el grupo. Desde este paso en adelante, el discernimiento del grupo es fundamental, en lugar de apuntar cada idea de cada persona. Requerirá paciencia y el poder esperar a que el grupo llegue a un acuerdo.

Para cada pecado colectivo que el grupo haya identificado y apuntado en la lista sobre la pared, pídeles que oren de la siguiente manera:

> **Padre Celestial,**
> **Confesamos [menciona un pecado a la vez] como pecado y como algo que desagrada a nuestro Señor Jesucristo. Nos apartamos de él, lo abandonamos y renunciamos a él. Gracias por tu perdón. En el nombre de Jesús. Amén.**

Cuando el grupo haya terminado de confesar y renunciar a cada uno de los pecados, pídeles que reciten la siguiente oración:

> **Padre Celestial,**
> **Como líderes espirituales de nuestro ministerio, reconocemos que estos pecados colectivos son ofensivos para ti. Renunciamos todo uso de nuestro cuerpo colectivo como instrumento de maldad, ya sea por nuestra parte o por la parte de quienes nos precedieron. Renunciamos y abandonamos los pecados de nuestros predecesores. Anulamos toda ventaja, maquinación u otra obra del diablo que hayamos heredado de ellos.**
>
> **Por la autoridad de Cristo, la Cabeza de su Cuerpo, la Iglesia, demolemos todo punto de apoyo y fortaleza de Satanás sobre nuestro ministerio a causa de nuestros pecados colectivos. Retomamos todo territorio cedido al enemigo en nuestro ministerio, en las organizaciones aledañas, y en nuestra vida conjunta como colaboradores de este ministerio. Entregamos control de ese territorio al Espíritu Santo.**
>
> **Invitamos al Espíritu Santo a limpiarnos, a renovarnos, a llenarnos, y a guiarnos a toda verdad. Decidimos obedecer tu Verdad para que nuestro ministerio sea libre para servirte.**
>
> **Nos sometemos, a nosotros mismos y a nuestro ministerio, a la soberanía de nuestro Padre Celestial, al señorío de Cristo y a la presencia y poder del Espíritu Santo. Por tu gracia y de acuerdo con tu Palabra, reconocemos que somos co-herederos con los santos**

y que pertenecemos a la familia de Dios. Afirmamos que la Iglesia se ha construido sobre el fundamento de los apóstoles y profetas, y que Jesucristo mismo es la Piedra Angular. Alabamos al Señor Jesucristo por ser la Cabeza de nuestra iglesia-ministerio-organización, y nos regocijamos por ser su Cuerpo, su Novia y su Templo.

Al que puede hacer muchísimo más que todo lo que podamos imaginarnos o pedir, por el poder que obra eficazmente en nosotros, ¡a él sea la gloria en la iglesia y en Cristo Jesús por todas las generaciones, por los siglos de los siglos! Amén. (Efesios 3:20-21)

Es ahora que el facilitador invita a los participantes a dejar que el Señor examine sus corazones. Pide al Espíritu Santo que les revele su participación en los pecados colectivos de la iglesia-ministerio-organización. Cada persona, según el Espíritu Santo le guíe, debe orar en voz alta y confesar su participación en aquellos pecados colectivos. No está permitido confesar los pecados de otro. Después de este tiempo de oración, anímales a buscar a cualquier persona del grupo a quien necesitan pedir perdón, o con quien necesitan hacer las paces o reconciliarse. Estos son momentos poderosos de sanidad de las heridas y conflictos dentro del grupo.

PASO 5: Los ataques del enemigo

En el Paso 5, el grupo va a identificar los ataques de Satanás debido a aquellas cosas que el grupo y sus líderes hacen bien. Haz una lectura de Efesios 6:10-18 e invita al grupo a una breve reflexión sobre este texto.

Pídeles que reciten juntos y en voz alta la oración a continuación. A continuación, permite unos minutos de oración en silencio. Pídele al Señor que les ayude a discernir con exactitud la naturaleza de los ataques de Satanás sobre la iglesia - ministerio - organización, sobre sus líderes y sobre su gente debido a aquellas cosas que el grupo hace bien.

> **Querido Padre Celestial,**
> **Te agradecemos por el refugio que tenemos en Cristo. Decidimos fortalecernos en el Señor y en su asombroso poder. En Cristo Jesús nos ponemos toda la armadura de Dios. Decidimos mantenernos firmes y fortalecidos en nuestra fe. Aceptamos la verdad que nuestra lucha no es contra seres humanos, sino contra fuerzas espirituales malignas en las regiones celestiales.**
>
> **Deseamos ser conscientes de las estrategias de Satanás y no ignorarlas. Abre nuestros ojos a la realidad espiritual del mundo en que vivimos. Te pedimos discernimiento espiritual para poder juzgar correctamente entre el bien y el mal.**
>
> **Al permanecer en silencio ante ti, revélanos los ataques de Satanás hacia nosotros, hacia nuestros líderes espirituales, hacia nuestra gente, y hacia nuestro ministerio para que podamos mantenernos firmes y exponer al padre de la mentira. Lo pedimos en el nombre de Jesús. Amén**

Nuevamente el grupo debe discernir los ataques espirituales, no simplemente apuntar las ideas de cada persona. Requiere más tiempo que el grupo llegue a un consenso, pero es muy valioso.

Después de completar la lista, pídeles que renuncien a cada ataque, uno por uno, de la siguiente manera:

En el nombre y por la autoridad de nuestro Señor Jesucristo, renunciamos al ataque de Satanás [sobre, a través de, mediante...mencionar cada ataque, uno a uno]. Le resistimos y nos oponemos a él en el nombre todopoderoso de Jesús. Juntos declaramos «que el Señor te reprenda, el Señor te ate» y así te detenga de toda influencia presente o futura sobre nosotros.

Mediante los testimonios de antiguos satanistas y miembros de sectas ocultistas, sabemos que ciertas personas (ya sea en su engaño o a sabiendas) intencionalmente buscan destruir a iglesias, ministerios y organizaciones cristianas. Usa la declaración a continuación para romper la influencia de cualquier ataque de este tipo sobre el ministerio, sus líderes o su gente. Finaliza este Paso con la oración de clausura.

Declaración

**Declaramos que toda autoridad ha sido dada a Jesús en el cielo y en la tierra. Como líderes de este ministerio y como miembros del cuerpo de Cristo, renunciamos y repudiamos toda influencia y autoridad de poderes demoníacos y de espíritus malignos que causen resistencia al trabajo de Cristo. Como hijos de Dios, hemos sido rescatados del poder de la oscuridad y hemos sido trasladados al reino de su Amado Hijo.
Porque estamos sentados con Cristo en los lugares celestiales, renunciamos a todo ataque satánico dirigido hacia nuestro ministerio. Cancelamos toda maldición que cualquier persona bajo engaño o por maldad haya puesto sobre nosotros. Declaramos a Satanás y a todas sus fuerzas que Cristo se hizo maldición por nosotros al morir en la cruz.**

Renunciamos a todo sacrificio ofrecido por satanistas o cualquier otra persona, mediante el cual se pretenda reclamar posesión de nosotros, de nuestro ministerio, de nuestros líderes o de nuestra gente. Declaramos que hemos sido comprados y redimidos por la sangre del Cordero. Aceptamos únicamente el sacrificio de Jesús, mediante el cual le pertenecemos.

Oración

Querido Padre Celestial, te adoramos únicamente a ti. Tú eres el Señor de nuestras vidas y de nuestro ministerio. Te ofrecemos nuestros cuerpos como sacrificios vivos, santos y agradables a Dios. También te presentamos nuestro ministerio como un sacrificio de alabanza.

Pedimos tu protección sobre nuestros líderes, sobre los miembros de nuestro ministerio y sobre sus familias. Danos la sabiduría y la gracia necesarias para tratar con herejes y lobos espirituales. Danos discernimiento para juzgar entre el bien y el mal. Te dedicamos todas nuestras propiedades, incluyendo oficinas, equipo, y medios de transporte.

Señor Jesucristo, tú eres la Cabeza de este ministerio y te exaltamos. Que todo lo que hagamos te dé honor y gloria. Oramos en el nombre santo de Jesús. Amén.

PASO 6: El plan de oración y acción

En el Paso 6 el grupo va a identificar los ataques de Satanás a causa de cosas que la iglesia - ministerio - organización y sus líderes han hecho mal, y van a desarrollar un plan de oración y acción.

Cuelga cuatro hojas grandes de papel sobre la pared. Todas las hojas previas deberán estar a la vista. En la primera hoja escribe **«Renunciamos»**. En la siguiente escribe **«Declaramos»**. En la tercera escribe **«Afirmamos»**, y finalmente **«Esto haremos»** en la última hoja. En la última página de este libro encontrarás un ejemplo que te puede ser útil.

Ahora el grupo está listo para sintetizar todo lo que ha discernido en los cinco pasos previos. Te animamos a que permanezcas atento a patrones recurrentes que tienen conexión.

El grupo quiere rechazar el mal (ataques, pecados colectivos, conflictos, debilidades). Por ejemplo, «Renunciamos a la división entre nosotros». «Renunciamos» es nuestra respuesta a Jesús, que nos pide que nos arrepintamos.

El grupo quiere proclamar la verdad bíblica opuesta a aquello que se ha rechazado, en base a los recursos que Cristo nos ha dado. Por ejemplo, «Declaramos que en Cristo somos uno en el Espíritu». «Declaramos» es la respuesta a la invitación de Jesús a recordar la verdad.

A continuación el grupo afirma, en un lenguaje que implica a las emociones, una promesa o verdad bíblica que les anima y motiva con respecto a ese tema. Por ejemplo, «Afirmamos desde lo profundo de nuestro corazón que todos somos un solo cuerpo en Cristo Jesús» (Gálatas 3:26-28). «Afirmamos» es la respuesta a Jesús, que nos pide que nos aferremos a la verdad.

Por último, el grupo se compromete a una acción conjunta. Por ejemplo «Hablaremos a la persona correcta de la manera correcta cuando surja un conflicto». «Esto haremos» es nuestra respuesta a Jesús, que nos manda a obedecer.

El objetivo del grupo en este paso clave es formular una lista, lo más abreviada posible, que recoja los patrones más importantes de opresión dentro de la iglesia - ministerio - organización. El grupo podrá lograr la libertad de su iglesia - ministerio - organización al usar esta lista como guía de oración y acción conjunta, y podrá así deshacerse de los puntos de apoyo ganados por el enemigo. Por lo tanto, es de suma importancia. Invítales a recitar juntos la oración a continuación. Permíteles unos minutos en silencio para que pidan sabiduría divina. Instrúyeles a pedir discernimiento y unidad del Espíritu Santo tanto para los temas que se apuntan como para el orden de importancia.

Querido Padre Celestial,

Te damos gracias por abrir nuestros ojos para ver los puntos fuertes, los puntos débiles, las memorias gratas, las memorias dolorosas, los pecados colectivos y los ataques espirituales del enemigo. Gracias por ayudarnos a comprender la batalla espiritual en la que estamos frente a los poderes demoníacos.

Danos discernimiento sobre la condición real de nuestro ministerio. Tú nos conoces íntimamente. Danos un plan de acción. Enséñanos a orar con el poder que tú nos has dado.

Pedimos tu dirección divina para formular el Plan de Oración y Acción. Gracias por la ayuda del Espíritu Santo en medio de nuestra debilidad porque en realidad no sabemos qué ni cómo orar. Danos unidad. Concédenos sabiduría. Danos las palabras adecuadas y tu orden para los temas de nuestra lista.

Abre nuestros ojos a la verdad de tu Palabra. Danos la convicción para completar aquello que tú nos reveles. En el sabio nombre de Jesús. Amén.

Para cada tema, pide al grupo que complete las cuatro hojas: «Renunciamos», «Declaramos», «Afirmamos», «Esto haremos», antes de avanzar al siguiente tema. Seguramente a estas alturas, el cansancio puede afectar al grupo. Instrúyeles que pidan al Espíritu Santo que les dé energía divina para dar cohesión a todas las listas de las diferentes hojas (ver Colosenses 1:29).

Cuando el grupo haya terminado la lista, pide a los participantes que se pongan de pie frente a las cuatro listas, que se tomen de la mano y que oren el Plan de Oración y Acción juntos y en voz alta. Esta oración es de suma importancia, y debe repetirse en cada reunión de junta y de líderes de aquí en adelante. La deben repetir los líderes individualmente en casa. Con frecuencia surgen temas en los siguientes días y meses para añadir a la lista.

Algunas estrategias para implementar el Plan de Oración y Acción son:

- Repetirlo en oración a diario durante 40 días.
- Repetirlo juntos en voz alta en cada reunión de líderes.

PASO 7: La estrategia del liderazgo

En este Paso, el grupo va a desarrollar una estrategia de liderazgo para implementar de ahora en adelante.

El Plan de Oración y Acción es como una carta de Jesús para su iglesia - ministerio - organización. En ella, él nos invita al arrepentimiento («Renunciamos»), a recordar la verdad («Declaramos»), a aferrarse a la verdad («Afirmamos»), y a obedecer («Esto haremos»). Con esto en mente, ¿cómo quiere el Señor que el grupo implemente este Plan de Oración y Acción?

Invítales a recitar juntos en voz alta la oración a continuación, seguido de unos minutos de oración en silencio. A pesar del cansancio, invítales a pedir al Señor que les revele a sus corazones y mentes la manera en la que ellos pueden implementar el Plan de Oración y Acción como líderes de la iglesia-ministerio-organización.

> **Querido Padre Celestial,**
> **Venimos ante ti en alabanza, adoración y acción de gracias. Gracias por revelarnos tu visión de nuestro ministerio. Muéstranos si hay algo más que mantiene a nuestro grupo esclavizado. Nos comprometemos a dejarlo atrás, a mantenernos firmes en Cristo, a aferrarnos a tus promesas, y a obedecer tu voluntad.**
>
> **Te pedimos que nos reveles qué hacer con nuestro Plan de Oración y Acción. Muéstranos los pasos reales que debemos tomar como líderes. Muéstranos tu voluntad para nosotros para que podamos obedecer plenamente tu dirección para nuestro ministerio. En el nombre poderoso de Jesús. Amén.**

Después de que el grupo haya orado su Plan de Oración y Acción durante 40 días, les sugerimos:

- Usarlo como tema para una serie de sermones dominicales, o para reflexión bíblica durante las reuniones de líderes
- Invitar a otros líderes de la iglesia - ministerio -

organización a participar en este proceso de libertad.

- En futuras reuniones, dialogar sobre las maneras en que se pueden poner en práctica los puntos de acción.
- Presentar un resumen del proceso a todas las personas de la iglesia - ministerio - organización y pedirles perdón como líderes por no haber respondido a lo que Dios requería de ellos.
- Reclutar a intercesores comprometidos a interceder por el equipo de liderazgo y por su implementación de la estrategia de liderazgo.

El facilitador hará una lista y pondrá a la vista los puntos de acción alcanzados por el grupo en consenso.

Ahora, es importante nombrar a una persona que ser hará responsable de recordar al los líderes de dar los siguientes pasos del Plan de Oración y Acción.

Concluye esta sesión con la siguiente oración:

Querido Padre Celestial,
Gracias, Señor, que podemos llamarte nuestro Padre Celestial. Gracias por tu amor y por aceptarnos. Gracias por todo lo que has hecho por nosotros hoy. Gracias por escuchar nuestras oraciones, por perdonar nuestros pecados colectivos y por liberarnos de las influencias dañinas de los esquemas de Satanás en contra de nuestro ministerio.

Gracias por abrir nuestros ojos para ver y nuestros oídos para oír. Ahora danos corazones para obedecer. Nos comprometemos a ser consecuentes con nuestro plan de Oración y Acción. Enséñanos a orar y a poner por obra este plan que tú has dirigido.

Te alabamos por habernos unido con el Señor Jesucristo. Te alabamos porque el Hijo de Dios vino a destruir las obras del diablo. Te pedimos protección sobre

nuestros matrimonios, nuestras familias, y nuestro ministerio. Guárdanos de escándalos. Te amamos y nos comprometemos a ser las personas que tu nos has llamado a ser. Danos el poder para caminar en la luz y hablar la verdad en amor. Muéstranos como nuestro ministerio puede trabajar de forma mancomunada con todo el cuerpo de Cristo. Deseamos estar unidos en un solo Espíritu.

«Al Rey eterno, inmortal, invisible, al único Dios, sea honor y gloria por los siglos de los siglos. Amén». (1 Tim 1:17)

Después de completar los Siete Pasos

Designa a alguien que destruya la hoja con la lista de «Memorias dolorosas». Pide a otra persona que tome nota de todas las otras listas del retiro. Recoge el Plan de Oración y Acción en una sola hoja para facilitar su uso por parte de los participantes. Apunta los pasos de la estrategia del liderazgo en la otra cara de la misma hoja. Sigue el formato a continuación.

NUESTROS PUNTOS FUERTES

Como iglesia (o *ministerio u organización*) _____
damos gracias a Dios por:

1.
2.
3.
4.
5.

NUESTRO PLAN DE ORACIÓN Y ACCIÓN

Como iglesia (*o ministerio u organización*) _____ :

Renunciamos a...	**Declaramos...**	**Afirmamos que...**	**Esto haremos...**
1.	1.	1.	1.
2.	2.	2.	2.
3.	3.	3.	3.
4.	4.	4.	4.
5.	5.	5.	5.

Ejemplo de un Plan de Oración y Acción

NUESTROS PUNTOS FUERTES

Como iglesia (*o ministerio u organización*) _____ damos gracias a Dios por:

1. Una familia de fe cariñosa y acogedora
2. Una iglesia generosa
3. Un núcleo de miembros muy comprometido
4. Un deseo creciente de ser y hacer discípulos que den fruto
5. Perseverancia en el Espíritu

Algunos grupos terminan este tiempo con una comida para celebrar la conclusión del proceso. Asegúrate de planificar con adelanto lo que se va a hacer.

Como iglesia *(o ministerio u organización)* _____ :

Renunciamos a ...	Declaramos...	Afirmamos que...	Esto Haremos...
1. Un liderazgo controlador y carnal	1. Un liderazgo humilde lleno del Espíritu que capacita a los santos	1. Nuestros líderes están para capacitar a los santos para la obra del ministerio para edificar tu cuerpo, Cristo - Ef 4:11,12	1. Decidimos caminar a diario por tu Espíritu y no en la carne
2. Dejar las cosas pasar sin hablarlas	2. El tomar la iniciativa de hablar	2. Tú no nos has dado un espíritu de temor sino de poder, amor y dominio propio - 2 Tim 1:7	2. Hacer justicia, y amar misericordia y humillarnos ante Dios - Miq 6:8
3. Hablar la verdad sin amor	3. El hablar la verdad con amor	3. Tu voluntad es que siempre hablemos la verdad con amor - Ef 4:15	3. Acoger y amar a todos sin comprometer la verdad
4. La falta de unidad	4. La unidad en el Espíritu	4. Tú, Jesús, oras y nos llamas a orar para que seamos unos como tú y el Padres sois uno para que el mundo le conozca - Jn 17	4. Ser diligentes en guardar la unidad del Espíritu en el vincula de la paz - Ef 4:3
5. No guardar el descanso sabático	5. Tu nos has mandado a descansar	5. Nos llama a un estilo de vida donde trabajamos a partir del descanso. - Mc 6:31	5. Por nada estar afanosos sino dar a conocer todas nuestras peticiones delante de Dios en oración con gratitud - Fil 4:6

Para más información, visita nuestras páginas web:
www.libertadencristo.org
www.ficminternational.org